PETER BUTSCHKOW

ÜBERLEBEN
als
LEHRER

Lehrer sind...

...auch Menschen!

LAPPAN

EIN NEUER MENSCH wird geboren. Erst will er nur nuckeln, dann spielen, dann plötzlich wissen, was da um ihn herum alles so los ist, und was das eine mit dem anderen zu tun hat. Er wird immer neugieriger. Um seinem natürlichen Bedürfnis nach Wissen nachzukommen, hat man die Schule erfunden – und den L E H R E R . Er begleitet den jungen Menschen bis zu 13 Jahre lang und füttert ihn in der Zeit mit Informationen. Den einen mit großen Löffeln, den anderen mit kleinen – so, wie seine genetische und soziale Ausgangsposition ihm Appetit und Fassungsvermögen vorgegeben hat. Und das alles im Banne zweier großer Ablenkungen: dem Geschlechtstrieb und der Unterhaltungsindustrie. Also bittet die Schule die heranwachsende Jugend ungerechterweise genau in der Lebensphase zu Tisch, wo sie am meisten mit sich und dem Wunder des Lebens beschäftig ist und überlässt sie in dieser heiklen Phase dem Lehrer. Als Ausgleich bietet sie ihm aber Arbeitsplatzgarantie, gemütliche Arbeitszeiten, üppige Ferien und eine fette Pension. Heißt es. Dieser so verwöhnten und beneideten Berufsgruppe widmete ich mich mit einem Mittel, welches einigen Lehrern im Laufe ihres Berufslebens leider mehr und mehr abhanden zu kommen scheint: Humor. Dieses Buch gleicht das nun wieder aus. Viel Spaß, und schön fleißig lachen, bitte.

Peter Butschkow

INHALT

SCHLECHTE NOTE

„MIR FÄLLT IM MOMENT NICHTS EIN", und „Auf Bestellung kann ich schon mal gar nicht" waren nur zwei von den vielen Ausreden, die ich mir am Ende anhören musste, obwohl sie ja versprochen hatten, mir etwas zu liefern. Ich war ihnen unendlich dankbar gewesen, dass sie mir helfen wollten und entsprechend geduldig und voller Verständnis dafür, dass man unter Druck oftmals blockiert ist und einem ums Verrecken nichts einfallen möchte. Aus persönlicher Erfahrung mit dieser wankelmütigen Muse habe ich persönlich mir angewöhnt, irgendwelche spontanen Einfälle oder Anregungen im Moment ihrer Geburt festzuhalten, sie zu notieren oder auf ein Diktiergerät zu sprechen. Ich ging davon aus, dass meine Lehrerfreunde dies in ihrer beruflichen Laufbahn ebenso gemacht haben, vermutete also irgendein kostbares Sammelsurium in ihrer privaten Obhut, das ich bei ihnen nur freundlich abzufragen brauchte: „Ich mach da grad ein Buch über Lehrer, habt ihr dazu vielleicht was Schönes für mich?" Stattdessen also fiel ihnen im Moment nichts ein, und auf Bestellung könnten sie schon mal gar nicht. Na, prima. Mit „Ich setz mich gleich morgen ran" oder „Nächste Woche kommt was, versprochen" hatten sie mich hingehalten und mir glaubhaft versichert, sie würden mich nicht im Regen stehen lassen. Und dann das. Es reichte.

Ich wünschte, ihre Eltern zu sprechen. Was ich mir da alles anhören musste, kann ich euch sagen. Ja, die

könnten leider nicht, wären auf Reisen oder krank oder leider schon verstorben. Echt unglaublich. Manche haben mir dann in ihrer Not irgendwelche kümmerlichen Sätze präsentiert. Ich merke doch sofort, wenn etwas hingeschludert wurde. Fehlte nur noch, dass sie sich heimlich etwas aus dem Internet gezogen haben – heute muss man ja mit solchen Dreistigkeiten rechnen. Einer schrieb z. B.: „Immer wenn ich die Klasse betrat, herrschte Stille." Ein Brüller, oder? Lange nicht mehr so gelacht. Das also ist das Ergebnis einer langen Lehrerlaufbahn? Kümmerlich, mein Lieber. Dafür gibt's 'ne glatte Sechs. Eine befreundete Lehrerin schrieb mir: „Wenn ein Kollege im Lehrerzimmer eine Zigarette rauchen wollte, rief er immer: „Alle mal husch-husch in die Ecke!" Was soll daran witzig sein? Glatte Sechs. Thema voll verfehlt. Mehr habt ihr Lehrer nicht drauf? Daher bin ich umso dankbarer für die wenigen Fleißigen, die mir eine gute Arbeit abgeliefert haben. Sehr gut!

WAHRE GESCHICHTEN VON ECHTEN LEHRERN

Heimatkunde, Klasse 5.

„Jasper, hast du fleißig gelernt zu Hause?"

„Immer!"

„Wie heißt denn die Hauptstadt von Schleswig-Holstein?"

„München!"

Hans-Peter C., Grundschullehrer, Achtrup

„Einmal hat ein Halbwüchsiger im Unterricht lautlos, aber nachhaltig gefurzt. Seine Banknachbarn haben daraus eine Riesen-Show gemacht, rissen die Fenster auf, hielten sich die Nasen zu, rieben sich die Augen. Ich war in meiner Arbeit wirklich gestört. Den Übeltäter habe ich in das Klassenbuch eingetragen: „Tobias entlässt mitten im Unterricht eine heimtückische Blähung." Daraufhin wurde ICH zum Schulleiter zitiert."

Hans B., Realschullehrer, Bredstedt

„Auf einer Klassenfahrt nach Berlin saß ich in der Jugendherberge entspannt auf der Toilette. Da besetzten zwei Jungs aus meiner Klasse die Nachbarkabinen und führten ihr Gespräch fort: „Mann, Hannes, ich hab vielleicht Rückenschmerzen. Na ja, ich hole mir erst mal einen runter." Mein Kommentar dazu lautete: „Wenn du meinst, das hilft, Gunnar – nur zu!" Überrascht hat mich anschließend, dass diese Geschichte nicht nur im Kreise der Jungen, sondern auch von den Mädchen freudig verbreitet wurde."

Hans B., Realschullehrer, Bredstedt

„Als ich einem Schüler auf dem Schulhof zu verstehen gab, er solle mal ein bisschen Dampf rausnehmen, antwortete er: „Chill du mal deine Base, Digger."

G. N., Hauptschullehrer, Berlin

„Zwei meiner Schüler lümmelten in der letzten Reihe herum und nahmen nicht am Unterricht teil. Auf meine Frage, was sie da täten, antwortete einer: „Hey, Mann, wir kompostieren hier nur 'n bisschen."

G. L., Realschullehrerin, Hamburg

„Verhalte dich, gerade wenn du wütend bist, besonders korrekt. Man wird dich nämlich heute Nachmittag im Internet sehen …"

Ratschlag aus einem Lehrerforum

....

„Ich frage nach den Hausaufgaben, es geht um einen Aufsatz mit dem Thema: „Welchen Beruf möchtest du einmal ausüben und warum?" Ein Junge möchte Malermeister werden, ein Mädchen will Ärztin werden, ein anderes Tierpflegerin. Der Aufsatz von Thomas besteht nur aus einem einzigen Satz: „Ich werde Millionär, das ist das Beste."

Elisabeth A., Rektorin, Köln

„Ein ziemlich gefrusteter Kollege beschimpfte seine Schüler als „Penner" und „Straßenjungen". Er gehörte übrigens zu den am schlechtesten angezogenen und ungepflegtesten Lehrern an unserer Schule."

Ulrike B., Gymnasiallehrerin, Heidelberg

- -

„Die schlechtesten Lehrer sind vermutlich die, welche die meisten Illusionen und höchsten Ansprüche an sich und ihre Arbeit hatten. Sie sind irgendwann so enttäuscht, dass sie bösartig werden. Erst ironisch, später dann sarkastisch."　　　*Jens T., Gesamtschullehrer, Berlin*

- -

„Lustig ist, wie kreativ Schüler werden können, wenn sie – anstatt englische Vokabeln gelernt zu haben – Wörter wie Abendessen mit „nightbreakfast" oder „nighteat" und Frühstück mit „morningfood" übersetzen."

Susanne R., Grundschullehrerin, Berlin

- -

„Jungen neuen Kollegen fällt auf, dass es immer mehr Kinder gibt, die gar nicht verstehen, was die Lehrer sagen, weil sie mit den Gedanken woanders sind, nur nicht in der Schule, nicht im Kontakt mit dem Hier und Jetzt. Die gab es wohl immer schon, aber diese Typen schalten jetzt radikal auf Durchzug. Sie sind weder mit Schimpfen, Drohen oder irgendwelchen Zusatzangeboten zu erreichen. Sollte man sie vielleicht im Spiderman-Kostüm unterrichten?"　　　*Elmar H., Grundschullehrer, Frankfurt*

- -

„Die Woche begann gleich wieder mit drei fehlenden Kollegen, einer Dienstbesprechung und einer Gesamtlehrerkonferenz; morgen gibt es eine weitere Fortbildung zum neuen Lehrplan, und Freitag werden wir wieder urlaubsreif sein. Von wegen „Lehrer haben morgens recht und mittags frei".

Pia M., Realschullehrerin, München

- -

„Nachdem meine Schüler mich nervten, warum man denn nicht grundsätzlich alles klein schreiben könne, das sei doch viel einfacher, schrieb ich ihnen den Satz „helft den bedürftigen vögeln" an die Tafel und bat sie, diesem Satz durch Groß- und Kleinschreibung einen jeweiligen Sinn zu geben. Daraufhin haben sie verstanden, und wir hatten eine gute Stimmung in der Klasse."

Ulf G., Realschullehrer, Hannover

- -

„Der Kunstlehrer ist davon überzeugt, dass er in Wirklichkeit ein großer Künstler ist und der Lehrerberuf eher eine Notlösung. Die Tafel nutzt er als Leinwand. Auf sie zaubert er riesige Bilder von Eisenbahnen, Flugzeugen und Lastwagen, Landschaften, durch die Ufos schweben, und Meeresbilder, in denen es von U-Booten nur so wimmelt, und stellt den Schülern dann die Aufgabe, diese abzuzeichnen. Er besteht darauf, dass seine Kunstwerke bis zur nächsten Woche auf der Tafel bleiben. Der Mathematik-Kollege wischt sie immer wieder weg. Er findet Mathematik wichtiger als Kunst."

Stefan D., Gymnasiallehrer, Düsseldorf

- -

Zwei Lehrer auf Lanzarote

ARME LEHRER

ALS T. ZUM ERSTEN MAL unsere Klasse betrat, muss er sich gefühlt haben wie unter Wölfen. 22 junge, wilde Tiere witterten und beschnupperten den Neuankömmling und erkannten sofort, wie und wo er einzuordnen war. Dieser kreuzbrave, unschuldige Mann unterrichtete auch noch Religion. Ein Fach, das uns allen ziemlich wurscht war, andererseits für Interaktionen war es wie geschaffen. Wir malten während der Stunde unter dem Tisch Comics, spielten „Schiffe versenken", einige pokerten sogar. Wenn T. fragte, was die Botschaft des Herrn sei, rief einer: „Straße is' höher als 'n Dreier!", und schon war Bombenstimmung in der Klasse. Respekt sieht anders aus. T. hatte von Anfang an keine Chance, nun erfuhr er am eigenen Leibe, was die Bibel als Hölle beschrieb. Er wurde mit Papierkugeln aus selbst gebastelten Katapulten beschossen, man klaute ihm seinen Terminkalender und den teuren Füllhalter. Im Schutze des Rudels wurden sogar die Feiglinge mutig, folglich bekam es T. von allen Seiten. Während er zitternd vor Wut durch die Klasse irrte, um seine Sachen wiederzubekommen, und dabei „Na wartet! Gott sieht alles!" rief, legte ihm einer den wassergetränkten Tafelschwamm auf seinen Stuhl. Klassiker der Niedertracht, Lachen auf anderer Leute Kosten. Und er tat uns den Gefallen und setzte sich in seiner Aufregung tatsächlich drauf. Und das fühlte sich für uns so richtig schön böse an. Ingo und Olaf in der Bank hinter mir haben sogar während T.'s Religionsunterricht synchron onaniert. Ich hab diesen Wahnsinn, dass ich einmal Zeuge einer derartig schändlichen Tat war, bis heute noch keinem gebeichtet. Nun ist es raus. Mann, wir waren ein ganz harter Haufen. Später hörten wir, dass T. einen Herzinfarkt bekommen hatte. Mitleid hatte keiner von uns, er war halt ein Lehrer. Man unterwarf sich ihm, oder er unterwarf sich uns. Ein weiteres Opfer war unsere Musiklehrerin. Die musischen Fächer waren für uns generell wie eine Freistunde, wir wollten uns einfach nur amüsieren. Beim Singen des Kanons „Bruder Jakob, Bruder Jakob, schläfst du noch?" grölten wir den größten Schwachsinn. Anstelle von „Hörst du nicht die Glocken?", sang ich immer „Wäschst du meine Socken?" Was Einfallsreichtum betraf, war ich schon damals ziemlich gut dabei. Roland, mein Tischnachbar, sang absichtlich immer einen halben Ton daneben. Jahre später, als er Sänger in einer Rockband wurde, wurde mir klar, dass er in Wirklichkeit gar nicht anders konnte. In Kunst lief es ähnlich. Papier, Pinsel und Farben dienten zu allem Möglichen, nur nicht zum Malen. Man konnte herrlichen Scheiß damit machen, ganz besonders mit den wassergefüllten Konservendosen. Hier entdeckte ich zum ersten Mal nicht nur mein Talent zum Luftbefeuchter, sondern auch zum Schlagzeugspielen. Dass am Ende des Unterrichts jeder irgendetwas Irres und Buntes aufs Papier gebracht hatte, war eine beachtliche Leistung unserer Kunstlehrerin, die unsere feuchten Werke anschließend stolz einsammelte und in unserem Klassenraum fein säuberlich nebeneinander an die Wand pinnte. Galerie Chaos!

Ach, und dann war da noch die Geschichte mit P. Er war der betreuende Lehrer auf unserer Klassenreise in ein

Schullandheim im Harz und als Lehrkraft noch nicht lange dabei. Im Überschwang seiner pädagogischen Ideale nahm er an, es täte uns Stadtkindern sicher gut, ganz betonbefreit in der großen, weiten Natur zu spielen. Er gab uns blaue und rote Bänder, die wir uns um den Oberarm binden mussten, und teilte uns damit in zwei Gruppen: Die Blauen sollten eine in einen Baum gesteckte Fahne verteidigen, die Roten versuchen, sie zu erobern. Ein Kinderspiel. Aber wir waren keine Kinder mehr. P. hatte wohl zu viele Cowboy- und Indianer-Filme gesehen ... Also verteilten wir uns alle weisungsgemäß in der Landschaft, während P. vor dem Baum saß und annahm, um ihn herum würden sich seine blassen Schüler freudig im Anschleichen und Verteidigen versuchen. Die aber hatten sich im angrenzenden Wald längst verbrüdert und pflegten ihre bewährte Unterhaltungskultur: Comics zeichnen, Schiffe versenken und pokern. Papier, Stifte und Spielkarten hatten wir immer dabei. Die ganz Fortgeschrittenen tranken sogar ein Bier oder rauchten eine Zigarette. Sie mussten dabei nur aufpassen, dass sie nicht allzu laut husteten. Ab und zu schickten wir einen Späher aus, der mit der beruhigenden Nachricht zurückkam, P. säße immer noch brav vor seinem Baum, bewachte die Fahne und wartete gespannt darauf, dass sich etwas tun würde. Tat es aber nicht. Das hätte schön noch Jahre so weiterlaufen können, wenn nicht eine Ratte – und wir haben nie herausbekommen, wer das war – P. gesteckt hätte, was da im Wald vor sich ging. P. war erschüttert und ließ uns zur Strafe am nächsten Tag nicht aus dem Heim. Da es draußen regnete, hätte er uns keinen größeren Gefallen tun können. Drinnen war es warm und trocken und wie geschaffen zum Comics zeichnen, Schiffe versenken und Pokern. Wir waren froh, dass er nun verstanden hatte, wie der Hase bei uns lief. Mit blauen und roten Bändchen gewinnt man keinesfalls die Gunst einer Klasse voller Rabauken. Arme Lehrer. Ich hätte keiner von ihnen sein mögen. Aber einer wie unser Klassenlehrer schon. Bei dem waren wir sanft wie Lämmer, ihm fraßen wir im Unterricht aus der Hand.

AUSMALEN IST THERAPIE

Schon Hermann Hesse bezeichnete das Malen als „Liebe ohne Wunsch".
Ihm zufolge macht das ambitionslose Malen einfach froh und duldsam.
Dann mal die Buntstifte raus und schön bunt malen, den Cartoon.
Gute Erholung! Aber: Nebenan Spicken ist verboten!

WIE HÄTTEN DIE LEHRERINNEN/LEHRER IHRE SCHÜLER GERNE?

1. pünktlich
2. sauber
3. fleißig
4. neugierig
5. diszipliniert
6. leise
7. gesund
8. sozial
9. konzentriert
10. friedfertig

WIE HÄTTEN DIE SCHÜLERINNEN/SCHÜLER IHRE LEHRER GERNE?

1. cool
2. locker
3. humorvoll
4. verständlich
5. lebensnah
6. einfühlsam
7. tolerant
8. loyal
9. unpünktlich
10. einfallsreich

GUT GEFUNDEN

„Ich glaube, ich wäre jetzt nicht weniger oder mehr glücklich, wenn ich Lehrer geworden wäre."

Dieter Nuhr, 2016

- -

„Die beiden anderen – meiner Erfahrung nach wesentlich wichtigeren – Qualitäten einer Lehrkraft, nämlich Erziehungskompetenz und Persönlichkeit, werden und sind wohl an den Hochschulen nicht zu lernen und zu erwerben. Die Fähigkeit zur Empathie beispielsweise kann nicht per Sachinformation oder Vortrag in Seminaren erworben werden. Sie entsteht „wundersam" im Verlaufe der individuellen Sozialisation und ist dann Teil der Persönlichkeit eines Menschen, im Glücksfall auch eines an der Schule unterrichtenden Menschen."

Klaus Dreymann, aus „Gefühle im Unterricht", 2015

- -

„Es gibt leider viele fachidiotische Lehrer, bei denen der gesellschaftliche Aspekt von Informatik zu kurz kommt."

Monika F., Referatsleiterin für Bildung der GEW Berlin, im Berliner Jugendjournal „Blickpunkt", 1988

- -

„Gestern bekam ich eine E-Mail-Anfrage, ob ich zum Klassentreffen meines Abi-Jahrgangs kommen wolle. Ich habe dankend abgelehnt mit der Begründung, dass ich vom ersten bis zum letzten Tag ungern in die Schule gegangen bin und mich gar nicht zurückerinnern möchte."

Sabine M., Gymnasiallehrerin

- -

„Ich höre, dass die Schulen, oder wenigstens einige von ihnen, heute auf anderen Prinzipien aufgebaut seien als zu meiner Schulzeit. Die Kinder würden in ihnen gerecht und verständig behandelt. Wenn dem so wäre, würde ich es sehr bedauern."

Bertolt Brecht, Schriftsteller

„Im Schuljahr 2005 sollten in einem Gymnasium in Siegen 69 Schüler eines Jahrgangs sitzenbleiben. So stand es auf den Zeugnissen, weil versehentlich die falsche Vorlage benutzt wurde."

SZ vom 21. Juni 2017

„Lehrer müssten meiner Meinung nach alle acht Jahre die Schule wechseln. Sonst schlafen die doch ein, vor allem die älteren Kollegen. Ich bin ja auch schon 50. Aber ich versuche, den Unterricht lebensnah zu gestalten."

Thomas A., Lehrer

„Die Einführung der Einheitskluft habe sich gelohnt. Vorher hätten Kinder aus sozial schwachen Familien oft unter starkem Druck gestanden und seien sogar als „Aldi-Kinder" beschimpft worden."

Klaus D., Schulleiter

„In einer Lehrerbefragung durch das Institut Allensbach gab nur jeder zweite Pädagoge an, er sei durch die Universität gut auf seinen Beruf vorbereitet worden."

DER SPIEGEL, 52/2012

„Eine große renommierte Firma hat 40 Stellen für Leute aus dem naturwissenschaftlichen Bereich angeboten. Es haben sich auch gerade 40 Lehrer gemeldet. Dem Vorstellungsgespräch bleiben 24 unentschuldigt fern, 16 kommen und beginnen eine große Diskussion über Ferien und Urlaub. Als ihnen gesagt wird, dass es im Wirtschaftsleben Urlaub nicht in der Größenordnung geben könne wie in der Schule, sind vier übriggeblieben, von denen dann später auch noch drei abgesprungen sind."

Gerhard Mayer-Vorfelder, CDU-Politiker

- -

„Sie entfernten *Scheiße* und *Furz* aus einer langen Liste. Weder gegen irgendein anderes der 12.000 Wörter noch gegen irgendeine von 112 Regeln hatten sie noch Bedenken. So zufrieden war eine „Arbeitsgruppe" von Beamten aus den Kultusministerien der 16 Bundesländer, als sie dieser Tage in Hannover zusammenkam. Ihr oblag nur noch ein letzter Check eines 244 Seiten-Vorschlags für die Reform der deutschen Rechtschreibung."

DER SPIEGEL, 25/1995

- -

„Wenn ihr bei einer Hochzeit den Posaunenchor hört, wie er „Lobe den Herren" spielt, wär's doch schad, wenn keiner mitsingt. Und sie (die Schüler) tun es gern."

Cornelia M., Religionslehrerin

- -

„Sie (die Schüler) müssen vor allem lernen, dass ich sie nicht verlassen werde, egal, was passiert in den vier Jahren, das heißt, dass sie die Erfahrung machen müssen, dass sie sich auf mich verlassen können."

K.D., Gymnasiallehrer

- -

„Nacktfotos im Unterricht!
Deutscher Sex-Lehrer gefeuert!"

- -

„Die Umbenennung sogenannter Restschulen in Mittel- und Oberschulen zeigt an, dass ihre Fortdauer allmählich als Zumutung empfunden wird. Und alle Sonder-, Spezial- und Förderschulen tendieren länger schon zu Synonymen für Ausgrenzung. Und so erledigt sich das Abitur mittelfristig von selbst. Alle spezifischen Schulformen lösen sich auf. An ihre Stelle wird über kurz oder lang eine neue Einheitsschule treten. Und in dieser neoliberalen Einheitsschule werden dann einfach alle, wie unterschiedlich auch ihre Bedürfnisse sein mögen, eingesperrt."

Christoph Türcke in der SZ vom 10. Februar 2016

- -

„Liebe Abiturienten der Friedrich-Paulsen-Schule in Niebüll. Sehr glücklich bin ich darüber, einen bescheidenen Beitrag zu Eurer Abiturzeitung leisten zu dürfen. Natürlich weiß ich, dass viele Kollegen zu diesem Zweck unpersönliche und vorgefertigte Formschreiben verwenden. Aus diesem Grunde überreiche ich euch dieses persönliche und spontane Formschreiben, das außer Euch nur noch andere Abiturzeitungen erhalten."

Harald Schmidt, 2006

- -

DER KLASSENCLOWN

ZUR TYPISCHEN VITA eines Komikers gehört, dass er früher in der Schule der Klassenclown war. So jedenfalls hört man es allenthalben von berühmten Comedians in Talk-Shows oder Interviews. Scheinbar ist die Schule die ideale Ausbildungsstätte für Humoristen, also eine heimliche Comedy-Akademie. Die Betonung liegt auf „heimlich", denn keine Schule bekennt sich öffentlich zum Fach Humor, obwohl die meisten Lehrer ihn längst unterrichten, bewusst oder unbewusst: „Krause! Wie nennt man ein Jahr, dessen Zahl sich durch vier teilen lässt?" Eine geniale Vorlage für den Klassenclown: „Vierteljahr!" Schon ist die Klasse hellwach und schüttelt sich vor Lachen, und der eben noch träge Unterricht nimmt frisch und munter Fahrt auf. Oder wenn der Lehrer fragt: „Welcher Strom fließt durch Rom?", und dem Klassenclown rutscht „Wechselstrom!" raus, dann ist keiner mehr zu halten. Längst ist doch die enorme Wirkung des Humors „… der so selten ist wie ein weißer Rabe" (Max Liebermann im Vorwort eines Heinrich-Zille-Buches) auf unser Wohlbefinden erwiesen. Da sollte also dem Klassenclown doch eine gebührende Anerkennung und Förderung zuteil werden – aber weit gefehlt. Oder kennt jemand eine Hape-Kerkeling-Schule oder ein Loriot-Gymnasium? Oder gar eine Charlie-Chaplin-Universität? Diese inspirierenden Lehrer, die Impulsgeber des Klassenclowns, sollten stolz auf ihre Leistung sein – aber nix da. Oder kennt jemand eine

Lehrerin oder einen Lehrer, die/der wegen außerordent-
licher Verdienste um den Humor belobigt wurde, oder
gar einen Dr. humoris causa unter den Lehrkörpern?
Gerade wir Deutschen haben doch den Humor als Heil-
kraft entdeckt und vermarkten ihn sogar als Therapie,
selbst in den bluternsten Nachrichtensendungen hat er
heute dezent Einzug gehalten: „Das waren die Nachrich-
ten, und nun versuchen Sie mal gut zu schlafen." Wie
schön wäre es, wenn es hieße: „Deutschland, das Land
der Dichter und Denker – und Humoristen." Dann würden auch die Schulen verstehen und nicht mehr die Nase
rümpfen, sondern dem Lachen endlich Raum geben.
Montag, erste Stunde, für alle Klassen: Humor. Was für
ein Tagesbeginn!

DIE JUGEND

Ohne Jugend hätten die Fast-Food-Ketten keine Kunden und die Handys keine Opfer. Vor allem aber die Lehrer keine Arbeit. Sie wären bis 65 arbeitslos und müssten täglich auf dem Golfplatz rumlungern, was sie sich eigentlich erst für die Zeit nach der Pensionierung vorgestellt hatten. Also dreht sich von jeher alle Sorge und Zuwendung, Unverständnis wie Verherrlichung, um die kostbare Jugend, die der irische Dramatiker George Bernard Shaw mit den Worten beklagte: „Warum bekommt der Mensch die Jugend in einem Alter, in dem er nichts davon hat?" Schauen wir doch mal rein, was sonst noch so über sie gesagt und geschrieben wurde:

„Der Jugend wird oft der Vorwurf gemacht, sie glaube immer, dass die Welt mit ihr erst anfange. Aber das Alter glaubt noch öfter, dass mit ihm die Welt aufhöre."

Friedrich Hebbel, deutscher Dichter

„In der Kindheit richtet sich der Mann darauf aus, Wissen und Kenntnis zu erwerben. In der Jugend gebe er sich all den irdischen Vergnügungen hin." aus dem Kamasutra

„Ein kennzeichnendes Merkmal dieser Jugend: ihre Empfindsamkeit, die in einem zunächst schwer verständlichen Gegensatz zu ihrer Rowdyhaftigkeit steht. Man könnte es so deuten, dass das andere sichtbare Merkmal dieser Gruppe ihre immer wache Opposition ist, ihre Kampfstellung gegen jede Autorität, oder, noch schlimmer, ein Mangel an jeglichem Autoritätsbewusstsein, das eine Parallele bildet zu dem unverschuldeten Mangel an Leitbildern, der Hauptquelle des verlorenen Autoritätsgefühls. Es ist im Rahmen einer kurzen Darstellung nicht möglich,

diese Dinge restlos zu klären, an denen zahlreiche hervorragende Psychologen, Geistliche, Lehrer, Fürsorger und Juristen sich seit Jahren die Zähne ausbeißen. – Der Vater, der abends müde und oft verärgert heimkommt, sich auf die Couch wirft und die Zeitung liest, sonntags sich ausschläft oder mit seiner Frau ins Kino geht, bietet den Heranwachsenden noch weniger als die Mutter. Schon innerlich: Denn auch die Eltern haben größtenteils verlernt, sich mit etwas anderem als mit Radio und Sensationspresse zu beschäftigen. Der überlastete Lehrer kann ohne familiäre Unterstützung seinen Schülern kaum andere Freizeit-Inhalte nahebringen."

Auszug aus der Illustrierten „Bertelsmann drei", Ausgabe Nr. 2, Februar 1957

„Die Schule besteht aus mehr als nur drögem Unterricht, in den Sand gesetzten Klausuren und sadistischen Lehrern – sie ist auch ein Stück weit unsere Jugend. Unsere Entwicklung vom Kind zur Frau, bzw. zum Manne, wurde maßgeblich von dem Leben in ihr beeinflusst."

J. Jasper, Abiturient

„Letzte Woche erzählte mir mein kleiner Enkel ganz stolz, er könne schon zwei Worte schreiben. „Oh, wie toll!", hab' ich ihn gelobt und gefragt: „Welche denn?" Er druckste herum und zierte sich, flüsterte dann leise ins Telefon: „Es sind aber zwei verbotene Worte." – „Aber Opa kannst du's doch erzählen", ermunterte ich ihn. Er zögerte und sagte dann entschlossen: „,Arsch' und ,Scheiße'." – „Oha", hab' ich geantwortet, „dann schreib sie Opa doch mal auf und schick mir den Zettel, dann kann ich prüfen, ob du sie richtig geschrieben hast." Die Idee fand er klasse. Ein paar Tage später kam ein Brief mit einem Zettel, auf dem stand: „Lieber Opa. Arsch. Scheiße. Dein Nicki."

Hans-Werner Stensen, Husum

Lehrer beim Schuhkauf

SCHÜLER FRAGEN LEHRER

Die Abiturienten des Jahrganges 2007 der Friedrich-Paulsen-Schule in Niebüll befragten ihre Lehrer (Abi-Jahrgangsbuch „Abiletten"):

Warum sind Sie Lehrer geworden?

- „Weil es keinen schöneren Beruf gibt."
- „Um das Nützliche mit dem Notwendigen zu verbinden."
- „Ich bin Philanthrop."
- „Um zu helfen, den Stein der Aufklärung den Berg der Ignoranz hinaufzuwälzen."
- „Eigentlich wollte ich Schauspieler werden."
- „Um das Projekt Aufklärung voranzubringen. Leider weitgehend ergebnislos."

Was ist Ihre größte Angst, wenn Sie vor der Klasse stehen?

- „Mundgeruch."
- „Ich fürchte mich vor dem Moment, wo die Kreide alle ist."
- „Ohnmächtig zu werden."
- „Hoffentlich hab ich nicht zu wenig Hausaufgaben aufgegeben."
- „Dass uns der Himmel auf den Kopf fällt."
- „Dass jemand hereinkommt und einem/r Schüler/in mitteilt, dass jemand in der Familie verstorben ist."

„Ist zufällig ein Deutschlehrer anwesend?"

ECHT NICHT DOOF

„Eine Investition in Wissen bringt immer noch die besten Zinsen."
Benjamin Franklin (1706-1790)

„Einer der Hauptnachteile mancher Bücher ist die
große Entfernung zwischen Titel- und Rückseite."
Robert Lembke (1913-1989)

„Der Vorteil der Klugheit liegt darin, dass man sich dumm
stellen kann. Das Gegenteil ist schon schwieriger."
Kurt Tucholsky (1890-1935)

„Bildung ist die Fähigkeit, sich alles anzuhören und dabei weder
die Selbstbeherrschung zu verlieren noch das Selbstvertrauen."
Robert Frost (1874-1963)

„Ich habe keine besonderen Begabungen,
sondern bin nur leidenschaftlich neugierig."
Albert Einstein (1879-1955)

„Schreibe kurz – und sie werden es lesen.
Schreibe klar – und sie werden es verstehen.
Schreibe bildhaft – und sie werden es im Gedächtnis behalten."
Joseph Pulitzer (1847-1911)

„Gedächtnis nennt man die Fähigkeit, sich das zu merken, was man vergessen möchte."
Daniel Gélin (1921–2002)

„Ordnung ist die Lust der Vernunft, aber Unordnung ist die Wonne der Phantasie."
Paul Claudel (1868-1955)

„Wer den Himmel auf Erden sucht, hat im Erdkundeunterricht geschlafen."
Stanislaw Jerzy Lec (1909-1966)

„Ich will erstklassige Lehrer. Wer kein Latein spricht, ist kein erstklassiger Lehrer."
Hastings Kamuzu Banda (1898–1997)

„Die Geschichte ist der beste Lehrer mit den unaufmerksamsten Schülern."
Indira Gandhi (1917–1984)

„Erfahrung ist der beste Lehrmeister. Nur das Schulgeld ist teuer."
Thomas Carlyle (1795-1881)

„Man muss viel studieren, um wenig zu wissen."
Charles de Secondat, Baron de Montesquieu (1689-1755)

School-Seeing für Lehrer in Venedig

Lehrer als Zuschauer

GUTER LEHRER, SCHLECHTER LEHRER

GUTER LEHRER

DIE AULA DES GYMNASIUMS war bis auf den letzten Platz besetzt, auf der Bühne hatten sich die Schüler mit ihren Instrumenten aufgestellt. Eine Veranstaltung, die demonstrieren sollte, dass die Musiklehrerin der Oberstufe gute Arbeit geleistet hatte.

Die Schülerinnen und Schüler waren aufgeregt, die eingeladenen Eltern ebenso.

Es raunte, hüstelte und raschelte im Saal. Gleich war es 20 Uhr, Beginn der Vorstellung. Da öffnete sich die Tür, und ein letzter Besucher trat ein: Herr Z., Lehrer für Geschichte, Deutsch und Sozialkunde. Einige Besucher drehten sich um, neugierig, wer der Nachzügler war. Und dann fing einer an zu klatschen und noch einer, dann klatschten alle. Alle Schüler und sogar die Eltern. Die wenigen, die nicht wussten, wer der Mann war, klatschten aus Solidarität mit. Die ganze Aula dröhnte im Applaus, weil ein Lehrer eingetreten war! Ich habe dieses Wunder als unscheinbaren, mittelgroßen Mann Mitte 50, rundlich, mit kleinem Bauch und freundlich lächelnd, in Erinnerung. Als einen Lehrer, der dermaßen beliebt war, dass ihm eine Standing Ovation zuteil wurde. Unglaublich. Ich habe keinen einzigen Schüler oder Schülerin gekannt, auch keinen Ehemaligen, der sich jemals negativ über Z. geäußert hätte. Was hatte der Mann, was andere nicht hatten? Auf diese Frage hörte man nur, er sei eben ein guter Lehrer – und halt ein guter Typ. Er hätte es irgendwie drauf. Gütig mit den Fleißigen, geduldig mit den Willigen, fair zu den Säumigen und konsequent mit den Faulen. Und immer für ein Späßchen zu haben. Fragte man Kollegen von Z., meinten die, er sei total kinderlieb. Weil er und seine Frau selber keine Kinder kriegen konnten, hätten sie eben welche adoptiert. Z. war wohl auf die Welt geschickt worden, um zu beweisen, dass es Lehrer gibt, die von ihren Schülern geliebt werden.

SCHLECHTER LEHRER

DER KLASSENSPÄHER hatte ihn schon gesichtet, er stürzte rein und schrie: „Er kommt!" Die Rangeleien und Brüllereien hatten abrupt ein Ende, alle machten, dass sie schleunigst auf ihren Platz kamen. Von draußen hörte man seine Schritte. Einen Augenblick später trat er mit einem kühlen „Guten Morgen!" ein und schritt geradewegs zu seinem Platz. Mit dem immer gleichen Ritual öffnete er seine speckige Aktentasche und holte seine Requisiten heraus: Kugelschreiber, Notizbuch, Brillenetui und eine Rolle Pfefferminzbonbons, die er rechtwinklig auf seinem Schreibtisch pedantisch anordnete. Dann fixierte er die Klasse und bemerkte sofort, wenn jemand fehlte.

„Wo ist Baumann?"

„Krank."

„So, so." Er gehörte zu der Sorte Mensch, dem ganz sicher mal ein sensibler Berufsberater geraten hatte, nie im Leben Lehrer zu werden. Aber es passte zu seinem Charakter, dass er es daraufhin erst recht wollte und alle Vorurteile gegen Lehrer damit korrekt erfüllte. Er unterrichtete Naturwissenschaften, ursächlich ein Stoff, den man schon bei ein wenig Neugierde aufs Leben und seine komplexen Zusammenhänge spannend und interessant vermitteln kann – oder auch nicht. Er hatte sich für Letzteres entschieden und klopfte sein Programm wie ein Automat herunter, dabei faltete er jeden, der ihm dabei mit falschen Antworten oder dummen Fragen in die Quere kam, auf die halbe Größe zusammen. Wer nicht verstand, was er da Unverständliches von sich gab, war selber schuld. Wer fand, dass er katastrophale Klamotten anhatte und sich öfter mal die Haare waschen sollte, war gut beraten, dies lieber für sich zu behalten. Kritik konnte er ebenso wenig vertragen wie Humor. Wer im Unterricht lachte, verhöhnte seine Autorität und stand schon mal ganz oben auf seiner Abschussliste. Auf seinem Zeugnis hätte stehen müssen: „Lehrer R. versteht es wie kein Zweiter, seinen Schülern die Hoffnung zu nehmen, dass Schule Spaß machen kann."

NIEMAND SOLLTE DENKEN, DASS ...

... die Pause die angenehmste Zeit des Vormittags ist. Vielmehr sind Lehrkräfte hier in intensivem und permanentem Einsatz, um Schüler, die nur noch WhatsApp und Co. als Kommunikationsmittel kennen, davon abzuhalten, in direkten „Schlagabtausch" zu treten. Sollte dies nicht geglückt sein, sollte niemand denken, dass ...

... in der Stunde danach 45 Minuten lang unterrichtet werden kann. Vielmehr könnten Richterin Barbara Salesch oder Richter Alexander Hold jetzt „Schulstunde" halten. Sollte mindestens ein Schüler „Ich bin Zeuge!" rufen, macht das den Lehrer glücklich, da es der Abkürzung des Verfahrens „Klärung des Pausenhofkonfliktes" sehr dienlich ist.

... ein Unterrichtsthema mit der abschließenden Prüfung beendet sei. Vielmehr beginnt erst jetzt ein reger Austausch über das Thema – zwischen Eltern und Lehrkraft, denn sicher lässt sich in der Prüfung des Sprösslings noch irgendwo ein halber Punkt herausholen.

....

... Hausaufgaben eine Vertiefung des Lehrstoffes für den einzelnen Schüler darstellen. Schon mal was von WhatsApp-Gruppen gehört? In dem Zusammenhang von Schülern häufig zu hören: „Nein, so was mache ich nicht!" Aber das ist wohl eher zu deuten als: „Mache ich nur im Notfall." Nur: Was ist ein „Notfall"?

... Lehrkräfte um 13 Uhr den Bleistift fallen lassen und dann „frei" haben. Korrekturarbeiten, Erstellen von Unterrichtsmaterialien, Sequenzplanung, Stundenplanung, Lehrplan, Wochenplan, Trimesterplan, Förderplan und und und ... brauchen eben auch Zeit. Allerdings, sollte eine Lehrkraft tatsächlich nachmittags mal „Luft" haben, verzichtet sie gerne darauf, sich in der Öffentlichkeit zu zeigen, und wartet mit den Einkäufen, bis es dunkel wird. Die zu befürchtende Rufschädigung wäre nicht wiedergutzumachen.

... Pädagogik der Schwerpunkt schulischen Arbeitens ist. Inzwischen nehmen „juristische Absicherungen" mindestens ebenso viel Raum ein.

... Lehrer bei schlechter Gesundheit wären. Vielmehr muss sich ihr Immunsystem beständig gegen eine große Bazillenflut wehren – in Klassen, die gefüllt sind mit (halb)kranken Kindern, da zu Hause die nötige Zuwendung für die Genesung fehlt bzw. große Probleme bereitet.

Bei Frau Lehrerin zu Hause

SCHÜLER ÜBER LEHRER

WIR HABEN MITTWOCHS SPORT, *in den ersten zwei Stunden. Zuerst wärmen wir uns auf. Das heißt, eigentlich wärmt sich eher unsere Lehrerin auf. Sie läuft kreuz und quer durch die ganze Halle und wir wie Gänse hinter ihr her.* (Julia, 16 Jahre)

UNSER LEHRER WOLLTE WISSEN, *ob wir da „einen Hamster" unterm Tisch hätten. Das Wort Handy gab es nicht in seinem Wortschatz.* (Til, 17 Jahre)

ALS ER ZUM ERSTEN MAL *als Klassenlehrer vor unsere Klasse trat, trug er Jeans und eine blaue Trainingsjacke und hatte den Gang eines gealterten Bodenturners. Er guckte in die Runde und rief Norman zu: „Nimm die Mütze ab, du Sack!" Da wussten wir, ER war der Richtige.* (Torsten, 14 Jahre)

WENN D. NICHT MIT DEM FAHRRAD *zur Schule kam, sondern mit seinem Auto, dann nur, weil er seinen Dackel mitnahm. Dieser schlief dann immer so lange im Auto, bis er von seinem Herrchen in der Pause zu einem kleinen Spaziergang ausgeführt wurde.* (Wenke, 15 Jahre)

ALS WIR UNS AUF *der verzweifelten Suche nach einem Computer an unseren Rektor wandten, da schoss ihm das Blut in den Kopf, und er stotterte: „Äähhmm ... also ... ja ... also, da müssen Sie mal im Sekretariat nachfragen.* (Nicolas, 17 Jahre)

Lehrerin im Urlaub

„DER STUHL DES LEHRERS WAR BRAUN UND WEICH."

Sie dürfen in keinem Buch über Lehrer und Schüler fehlen:
DIE STILBLÜTEN, auch als „Kindermund" bekannt.
Ernste Äußerungen unbedarfter Schulkinder, die Erwachsene nicht nur zum
Lachen bringen, sondern von ihnen auch noch dreist veröffentlicht werden.
Sorry, Kinder, aber ihr seid einfach zu gut!

Hausaufgaben heißen Hausaufgaben,
weil man sie zu Hause macht. Im
Gefängnis heißen sie Strafarbeiten.

Schüler, die austreten wollen,
können sich im Sekretariat die
notwendigen Papiere geben lassen.

Als unser Klassenlehrer uns
die Mitteilung machte, dass
wir hitzefrei bekommen,
brüllten wir vor Freude.
Da schrie er, wir sollten
gefälligst leise brüllen.

Meine Lieblingsfächer sind
Geschichte und Biologie, weil
man da erfahren kann, wie es die
Menschen früher getrieben haben.

Wenn es mal brennt, kann man seine Schularbeiten auch draußen machen.

 Wir Kinder müssen in der Schule viel lernen, weil wir die zukünftigen Menschen von morgen sind, in deren Händen das Alter unserer Eltern liegt.

Weil meine Schwester in der Schule nicht alles zeigt, was sie hat, muss sie die Klasse noch einmal wiederholen.

 Der Lehrer hat gesagt, er wird alles, was in uns steckt, aus uns rausholen. Ja, was haben wir dann noch?

Bei uns fallen Stunden aus, weil die fehlenden Lehrer immer mehr werden.

 Unsere Lehrerin stand vor der Tafel und zeigte auf ihre Kurven.

 Mein Freund Kevin ist sitzengeblieben. Er steht aber immer wieder auf.

*Nachgewiesenermaßen sind Kinder von Lehrern
in der Schule besonders renitent.*

Der heimliche Urlaub

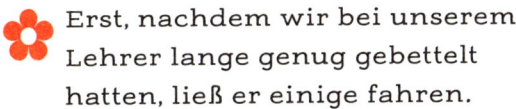 Erst, nachdem wir bei unserem Lehrer lange genug gebettelt hatten, ließ er einige fahren.

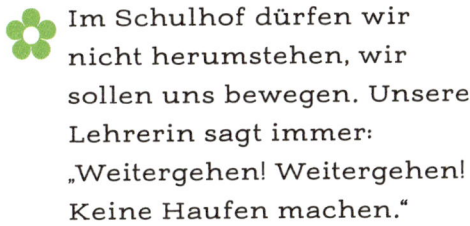 Im Schulhof dürfen wir nicht herumstehen, wir sollen uns bewegen. Unsere Lehrerin sagt immer: „Weitergehen! Weitergehen! Keine Haufen machen."

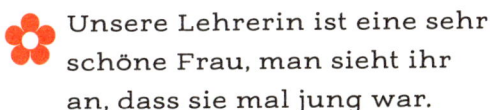 Unsere Lehrerin ist eine sehr schöne Frau, man sieht ihr an, dass sie mal jung war.

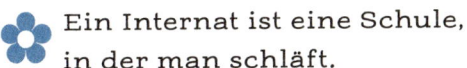 Ein Internat ist eine Schule, in der man schläft.

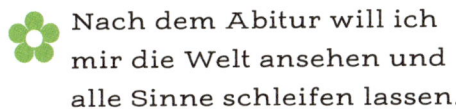 Nach dem Abitur will ich mir die Welt ansehen und alle Sinne schleifen lassen.

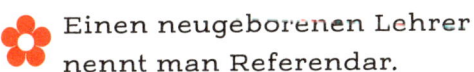 Einen neugeborenen Lehrer nennt man Referendar.

 Ein Pausenbrot soll nicht zu fett sein, damit man im Unterricht nicht zu dick wird.

INVESTMENTBANKER TANZT RENDITE

DER TRAUMLEHRER

EIN LEHRER SOLLTE GERECHT, konsequent und jede Sekunde präsent sein. Er sollte, falls erforderlich, durchgreifen, auch mal nachsichtig sein, ruhig und gelassen bleiben, die Unterrichtszeit gut nutzen, für alle Schüler das passende Aufgabenniveau parat haben und einen interessanten Unterricht bieten, der jede Playstation und jedes Computerspiel in den Schatten stellt.

Und natürlich sollte er gut erklären können und für jeden seiner 25 Schüler (äh, das können bei einem zweistündigen Fach auch schon mal mehr als 200 in der Woche sein) Zeit haben.

Bei Bedarf sollte er auch mal für Fächer einspringen, die er gar nicht studiert hat.

Natürlich sollte er sich auch intensiv der Elternarbeit und der Schulentwicklung widmen.

Zudem sieht er sich permanenter Beobachtung und der Kritik seitens der Schulleitung und der Eltern ausgesetzt, alles nicht gut genug zu machen.

Fazit: In manchen Kollegien herrscht daher durchaus auch eine angespannte Konkurrenzstimmung, denn – bitte melden! – wer von Ihnen bringt das alles am besten auf die Reihe?

ABSCHIED

ER HAT'S GESCHAFFT, er ist durch. 42 Jahre im Schuldienst, nun ist er in Pension gegangen.

Das ersehnte Ziel ist für ihn jetzt noch gewöhnungsbedürftig. Er war gerne Lehrer, er ist stolz darauf, aber auch ein bisschen froh, dass es vorbei ist.

Die Zeiten haben sich geändert, es wird alles nicht einfacher. Dabei war er eigentlich noch gut dran. Viele seiner Kolleginnen und Kollegen an anderen Schulen haben schon vorher aufgegeben. Freiwillig oder unfreiwillig.

Sein Kollegium hat ihm einen schönen Abschied bereitet, eine schöne Rede wurde gehalten, eine schöne Torte wurde gebacken. „Alea iacta est" stand drauf, der Würfel ist gefallen. Die Schüler haben ihm einen Golfschläger geschenkt und einen lustigen Text dazu geschrieben. Er war sehr gerührt. Hatte er gar nicht erwartet. Er hat dann im Lehrerzimmer seinen Schrank ausgeräumt, und als er zum letzten Mal über den Schulhof ging, standen sie alle an den Fenstern und winkten. Was für ein Moment! Er ist dann in sein Auto gestiegen und hat tief Luft geholt. Uff! Das war's.

Wie viele Jugendliche hat er in diesen langen Jahren erwachsen werden sehen? Er hat sie nicht gezählt. Was würde er sich selber für eine Note geben? Befriedigend. Nicht alles ist ihm gelungen. Aber er hat immer versucht, sein Bestes zu geben.

....

An den Scheibenwischer hat ihm irgendjemand eine Rose geklemmt. Dieser Jemand hat ihn wohl gemocht … Schönes Gefühl.

Ab morgen kann er nun also ausschlafen bis an sein Lebensende. Keine Vorbereitung mehr, keine Korrekturen, keine Konferenzen, keine nervenden Schüler, keine zickenden Eltern, aus.

So ganz genau weiß er auch noch nicht, was er nun mit seiner neuen Freiheit anfangen wird. Ein bisschen fürchten tut er sich vor der neuen Leere, aber er kann ja noch privat Nachhilfe geben, so was geht immer. Vielleicht macht er ja noch irgendeine Fortbildung. Man muss den Kopf beschäftigen. Na, schau'n wir mal. Er schaltet den Motor an und fährt los. Nie wieder Schule. Jetzt fängt der Ernst der Faulheit an …

LAPPANs ÜBERLEBEN Reihe

von Peter Butschkow

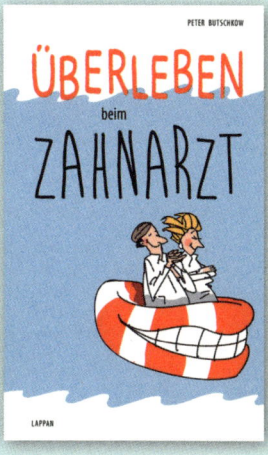

SBN 978-3-8303-4366-0   ISBN 978-3-8303-4367-7   ISBN 978-3-8303-4387-5

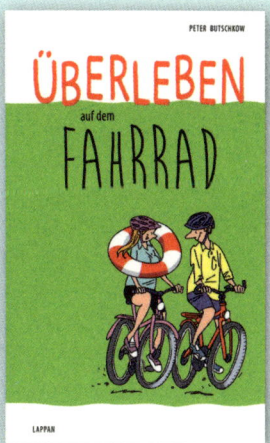

SBN 978-3-8303-4337-0   ISBN 978-3-8303-4375-2   ISBN 978-3-8303-4374-5

LAPPAN.DE

Der Autor: Peter Butschkow

Die Schule war nie sein Thema. Aber er war Thema in der Schule – als Musterschüler in Renitenz. Spätere Freundschaften mit Lehrerinnen und Lehrern nötigten ihn zu Mitgefühl, Dank für ihre Anregungen und folgender Beurteilung: „Die Befragten zeigten guten Willen. Fleiß und Termintreue bedürfen jedoch einer deutlichen Steigerung. Schrift und Sauberkeit: gut."

www.butschkow.de

2. Auflage 2018

© 2016 Lappan Verlag in der Carlsen Verlag GmbH, Oldenburg/Hamburg

ISBN 978-3-8303-4388-2

Texte und Cartoons: Peter Butschkow
Herstellung | Gestaltung: Monika Swirski

Druck und Bindung: Christian Theiss GmbH

Printed in Austria

www.lappan.de